El cajón desastre del chico cerilla

El cajón desastre del chico cerilla

Víctor Montero

TEXTOS
Víctor Montero

PORTADA
Lily Vainylla (@lilyvainylla_)

MAQUETACIÓN
Andrea Gómez Expósito

NÚMERO DE EDICIÓN
Primera

EDICIÓN
Postdata Ediciones

ISBN
978-84-19411-72-3

DEPÓSITO LEGAL
V-1536-2024

Prólogo

Reconozco que no soy capaz de reconocer el ingenio
cada vez que me cruzo con él por la calle.
Pero aquel día lo vi,
llevaba sudadera, capucha,
y camuflado bajo el aspecto de niño bueno
custodiaba una cerilla recién encendida.
Lo vi dudando, y tuve ganas de decirle:
nunca sabes cuándo empieza un poema.

De pronto, lo tenía en sus manos
y se abrió la chaqueta
preguntándose de dónde había salido
y si tenía más, si había algún otro escondido.
Vete a casa, le susurré
y me consta que le surgieron por el camino.

No se conformó con escribir en caliente.
Entonces, sin apartar el fuego de la llama
abrió con sutileza el cajón, y lo llenó de desastres.

Le insufló fantasía al poema
guiñandole un ojo a sus raíces
y cada uno lo tejió con un hilo diferente
pasándolos todos por el aro
del matiz positivo que esconde el desastre.

Víctor Montero escribe en estado de gracia.
En realidad, no escribe:
sueña, y le da al intro:
pero si la vida son tres ratos

ya he perdido dos
y en este no hay quien me encuentre.

Dice que le sale solo,
pero yo sé que se deja literariamente la piel
en esto y todo lo que hace.

Se pregunta
a qué sabe tanto exceso
y la respuesta es la admiración, la nuestra:
un músculo que en este libro yace contraído.

Despliega en su ópera prima
el mapa de sus afectos -todavía por descubrir-.
Reluce de sencillez
pero te abrumarías en su profundidad.

Cuando descubráis su talento, os diré:
yo lo vi primero
llevaba una sudadera y una cerilla apagada.

Mamen Monsoriu

Desastre 0

Bienvenido a mi desastre.
Bienvenido a mí, desastre.

Vas a leer a alguien que escribe
porque sus sueños se los ha inventado
para que al menos cumplirlos sea real.

Que escribe a Galatea,
para que brote de las páginas,
rompa la soledad
y así poder escribirle más.

Que escribe como mea un perro,
marcando su territorio
desde una esquina de la hoja a otra.
Aún no sabe lo que puede abarcar.

Vas a leer a alguien que aún no ha aprendido
que no es lo mismo andar hacia atrás que desandar camino,
como tampoco es lo mismo ir hacia delante que avanzar.

A alguien al que se le cayó un tornillo
y lo usó para sacarse otro,
nunca dando en el clavo.
Porque solo da en la diana
cuando dispara a fallar.
Ahora apunta el cañón al cielo,
porque sabe que el disparo siempre
sale por la culata.

Le es difícil descubrirse en sí mismo
como a humo en el humo,
pero si no le encuentras
puedes darle por pedido.

A alguien que sabe que no es un niño
porque quiere serlo.
Tiene la cabeza en otra parte   —del libro—
en la que le gusta, no la que le toca vivir.

A alguien que no llueve, chispea,
para dejar con las ganas.
Escribe con mala letra,
pero no veas las buenas letras que escribe.

Bienvenido a mi caos,
a mi desorden,
a mi búsqueda interminable
de aquello que me hace mejor
por el simple hecho de rebuscar.
Dicen que hay orden en el desastre.
Si es así, te reto a encontrarlo en el mío.

¿Qué es un desastre?

Yo soy un desastre.
Ten cuidado.
Los que me han convertido en desastre son desastre.
Desastre es el camino y parte de la meta.
Ayer fui desastre, hoy soy desastre y mañana ¿quién sabe?
No. Esa no es la pregunta.
La pregunta es ¿qué es un desastre?
Ten cuidado,
porque desastres son las agujas
sacadas de mil blocs de notas,
sacadas de mis blocs de notas,
hay quien las llamaría paja,
yo las llamo desastres.
Ten cuidado, porque pinchan.
Pinchan porque muestran mi camino de rosas,
y cada una de sus espinas. Pinchan.
¿Qué es un desastre?
Desastre es la primera piedra que me lancé
para comprobar mi profundidad,
y que no he vuelto a ver, ni oír.
Desastre es el extraño que crece y envejece en espejos,
charcos y cristales,
al que veo todos los días.
Son mis regalos al mundo,
envueltos en papel de cuentos de hadas.
Las crónicas de un dolor de cabeza crónico.
Mi demostración de que sentado en mi salón
nunca sabré lo que es nevar.
Son mi manera de expresar el sentido
que le doy día a día a mi ataúd.

Ten cuidado.
Porque después de leer esto,
tal vez
te des cuenta de que
tú también eres desastre.

Desastre N°1

Empezando por el final
Este año he aprendido:
que convertir los sueños en metas
es la mejor manera de acercarlos
y alejando la línea nunca dejarás de correr,
que hacer duelo por mis horas muertas es casi tan cruel
como llevar las flores a morir al cementerio.
Que no tiene sentido reír el último
si solo le contagias la risa al eco
que, por mucho que quieran y aúllen,
la luna no habla idioma de lobos.
Que hay personas que dejan huella en ti
por si algún día decides seguirlas,
Que hay personas que dejan rastro,
cicatrices, llagas, consecuencias,
que esa es la diferencia entre recuerdo y souvenir.
Que ganarse la vida no es lo mismo que ganarle a la vida,
que no sirve de nada jugar a no perder
si no tienes ningún punto al final de la partida.
Que se puede viajar en el tiempo,
apenas un segundo me basta
para pasar de la edad de *yerro* al renacimiento.
Y que ahora puedo decir orgulloso
frente al papel manchado de tinta,
antes todo esto era blanco.

2º Desastre

Dime te quiero,   pero al oído.
Así no te escuchará el diablo sobre mi hombro.
Tiene el molesto hábito
de recordar y susurrarme
todo lo que hiciste
que dice lo contrario.

Dame un beso,   pero a escondidas.
Así no te verá el diablo sobre mi hombro.
Ni él se atrevería a pedir de ese veneno,
alimento del monstruo al timón,
que un día plegó sus alas,
apagó su halo
y abandonó a su compañero.

Desas3

He perdido los papeles
donde escribí poemas felices.
Sí,
será que los he perdido.

¿A dónde has ido?
Te necesito para escribir un poema.
Estoy cansado de parecer cansado
y me entristece mostrarme triste.
Parece que sólo sé contar problemas.
Cuando vuelvas escribe algo, anda.
Así sabré que existes
y si no te leo,
volveré a mentirme
con mis bromas y mis chistes.

Hasta la gravedad es relativa
cuando los problemas caen
por su propio peso.

Desastre IV

A veces las recuerdo,
esas diminutas burbujas en medio del mar.
Dentro de ellas hacíamos reír a los videojuegos,
saltábamos y volábamos y aterrizábamos,
de cara o de culo,
se nos caían las llaves, las gafas, el móvil,
la vergüenza, lo demás.
Nada sobrevivía a un "otra más".
Cambiando el norte al reloj
el ahora a la brújula.
Cambiando el significado de las horas del día,
pasaron a ser solo el tiempo entre burbujas.
Cambiando.

Al llegar a la superficie no explotan,
solo hacen del aire un lugar mejor.

Recordando las burbujas,
muy lejos de ese mar,
aguanto la risa y las olas, y llueve bajo el agua,
porque no van a volver,
no van a bajar a saludar,
ni a saltar, ni a volar, ni a aterrizar.

Aun así, hay que seguir respirando.
Ahora viven otros en las burbujas,
y se ríen y se quejan y se pican y se quieren.

Seguiré respirando,
más lentamente,
y alargaré el brazo para detenerlas,
porque el aire
puede esperar un poco más.

Desastre ~~HH~~ III

Ira, rabia, asco, tristeza, derrota.
No. No sé qué es.
Me descentran manos amigas de cualquiera
y palabras, ninguna de ellas sincera
¿O sí lo son?
¿Y qué más da?
Ese es el menor de mis problemas.
La angustia ha aprendido
a hacer nudos marineros con mi garganta.
Las lágrimas se lanzan desde mi mejilla
cansadas de mi tristeza
y de su húmedo rastro de caos.
Quiero que se vayan todos,
quedarme solo con el dolor,
que crezca sin control
para así abrazarme y hacerme compañía.
Ya mañana le cambiaré el nombre
por recuerdo o nostalgia
pero, por ahora,
quiero estar a solas
con él.

Desastre Seis

Dicen que el tiempo lo pone todo en su sitio.

Si es así supongo que mis emociones, dobladas y lavadas hace ya mucho, están mejor en mi escritorio que en sus cajones.

Significaría que mis recuerdos necesitaban esa mierda que pisé andando por los de otros.

Será que todos los cables que se me cruzaron, ahora juntos y liados, forman el ovillo con el que tendré que tejer los guantes para tener más tacto.

Probablemente mis paraguas rotos me quieran enseñar algo sobre las tormentas que vivimos y tal vez si busco entre los restos de lo que sentí encontraré lo que me sentó mal.

Si el tiempo lo pone todo en su sitio,
aprenderé cómo está ordenado,
hasta que me ponga en el mío.

Desastre 7

—Amo las expectativas
—Odio las expectativas

—Hasta el resto sabe que soy capaz de cosas grandes
—Peso en mis hombros que ni quiero ni necesito

—Todos ven de lo que puedo ser capaz
—Pero ellos no viven en mí

—Si cumples seras un héroe
—Si no, las promesas que hicieron por mí me llamaran
mentiroso

—Si lo consigues te miraran con admiración
—Si no, con decepción

—Cuando te ven solo piensan en la cima a la que llegarás
—Sin prestar atención a lo duro del camino.

—Todos se quedarán por lo que eres capaz
—No por lo que soy ahora.

—Solo te hace falta confianza para llegar
—Y querer y poder y todo lo demás

—Odio las expectativas
—Amo las expectativas

Desastre ¿Por cuál iba?

Ignorando los pétalos que arranqué
intentando adivinar el destino,
dejando la flor que ya poseía,
para lanzarme al alambre de espino,
estirarlo y sangrar esperando encontrar al final una rosa.
Por cada brecha y herida en mis manos
hay una venda hecha y tejida
de páginas de cuentos aciagos de hadas preciosas.
Sabiendo que cada gota de sangre caída
manchando el alambre de lucha y costumbre
es una enseñanza valiosa.
Aceptando que cada trinchera nacida, su fe y su hambre
puede acabar siendo mi fosa.
Renuncio a la huida y seré el último hombre
si así puedo verla acercarse hacia mi victoriosa.

qué
Desastre más
da

Me han contado el cuento
de un chico que no quiero ser.
Uno que *no vela* por mantener viva su historia
y *no ve la* posibilidad de convertirla en fábula.
Me han contado el cuento
de un chico que sí quiero ser.
Uno en el que para alguien soy el primero,
pienso en ella todos los segundos
sin involucrar a terceros.
Transgrediendo las fronteras de nuestro cuarto
porque somos de la misma quinta sinfonía.
No me lo acabaron de contar,
porque el sexto se quedó sin ascensor.
Estoy seguro de que el séptimo arte
sería el de nuestra suerte.
Lo que continúa ya no importa,
no se llevará el premio de consolación,
ni merecerá un epílogo
en nuestra historia.

Ten Desastre

arriba.

Fue el último grano de reloj de arena el que formó la montaña,
no yo.

Cuando me echabas, volvía arrastrándome.

Cuando me abandonabas, volvías reptando.

Siempre que te buscaba un lugar en mi corazón
encontrabas hueco en mi espalda.

Porque dos no se pelean si uno no hiere
y si te pregunté

¿De dónde sacas tantos puñales?

era para ver si allí también había vendas y tiritas.

Te avisé que de tanto sacar punta a mis defectos
te acabarías pinchando.

Porque yo igual no llegaba al listón, pero tú te pasabas de lista.

Llevabas los pantalones, sí, pero es que yo iba en pelotas,
las que dejé en tu tejado cuando tuve los huevos necesarios.

A ver cómo echas balones fuera cuando tu egoísmo toque techo
y sufras el vértigo que mereces por mirar el mundo desde

Cerillas usadas sin quemar

➤ No es que te escriba en cursiva, *es que me erizas los versos.*

➤ Desde que te pegué en la espalda mi estrella polar ya no necesito brújula.

➤ Haces de cada epíteto y piropo un pleonasmo.

➤ El cielo de Valencia es más bonito cuando estás tú para mirarlo.

➤ No quiero ponerme en tu lugar quiero irme a él.

➤ Daría la vida por ti, por todo lo que has hecho que encuentre en ella.

➤ Y todas las frases en las que no sabes que sales…

Soñando en desastre
Despertando lejos

Hace poco tuve la peor de mis pesadillas.
Aparecía ella, la desconocida.
Plantados frente a frente la vi,
sus ojos color mírame,
su sonrisa derritió la máscara, la armadura, las expectativas,
su abrazo mi patria, su voz la melodía del *parasiempre*.
No hubo nada más durante vidas,
porque de otra manera no serían las que quería.
Esa horrible pesadilla me mostró
lo feliz que puedo llegar a ser,
tal vez en otro tiempo, tal vez otro yo.
La odio por aparecer, la odio más por no volverlo a hacer.
El único recuerdo al que volvería
para abandonar los próximos.
Cambiar el latir por la ilusión,
una tan real,
tan real como el dolor tras abrir los ojos,
y no encontrar los suyos.
Tan real como la desgracia de tener que vivir
sabiendo que el único sueño por el que moriría
es el único imposible de cumplir.
Tan real como que ahora duermo todos los días
esperando aparecer de nuevo en ese mal sueño.
Jamás llegué a pensar
que una pesadilla pudiese resultar
tan dulce al paladar.

Desastre

Me huele a hogar,
me huele a abrazo,
me huele a un "Quiero atención"
y a un "Te la voy a dar".
Me huele a una posición graciosa
que vale la pena inmortalizar.
Me huele a sueños increíbles
que mueven el cuerpo dormido.
Me huele a ternura,
a amistad,
a lealtad.
Algunos dirán que huele a perro,
pero a mí
me huele a hogar.

En un mundo olor a alcantarilla
los diablos se echan su perfume de coco y rosas.
Los humanos fingen serlo,
los ángeles hacen creer que les importa.
Las nubes son mentiras blancas,
todos saben que acabarán en tormenta.
Parece que da igual.
Porque una vez llovido barro y mugre,
los ángeles aterrizarán como si tal cosa
y los diablos serán los únicos que huelan a coco y rosas.
Lo reto,
A Dios lo reto,
a bajar y ver su obra
con los ojos de los no creyentes.

Corazón desastre

—¿Ya ha llegado?
—Sí
—Pues...
Senyor pirotècnic,
pot començar la mascletà

Desastre en curso

Hoy he pasado por debajo de mi umbral del dolor,
me he alejado con un portazo.
Ha llegado el punto
en el que encontrar la toalla para tirarla
me parecería una victoria.
En el que me pica la curiosidad
y me rasco con vergüenza.
En el que la lógica,
que para el resto es aplastante,
a mí no me deja ni respirar.
En el que me he dejado vencer
por aquellos que presumen de pie grande
más que de zancada.
La vida es una carrera de obstáculos.
Siempre me choco con algo.
Valla a donde vaya.
Pero ahora sé que la derrota es mortal,
no porque me mate,
sino porque puede morir.
Si consigo al menos llegar el último
seré todo un campeón.
Sé que hoy no soy quien gana.
Así que solo pido ser,
para intentarlo ser mañana.

Cómplices del desastre

Tengo cara de pocos amigos, pero leales.
Mis brújulas cuando no sé lo que me pierdo.
No todos pueden ponerte los pies en el suelo
sin cortarte las alas.
Me encanta que me recuerden todos esos momentos
que mientras vivíamos pensaba
"me encantará recordar este momento".
Quédate con las personas que te despierten
las ganas de morirte de la vergüenza,
de matarlas por lo que han hecho
y de agradecérselo para siempre. Todo a la vez.
Siempre en mi mente. Entre mis sienes,
y si en esas no están es porque los tengo de frente.
Gracias a ellos no he perdido la esperanza
de encontrar aquello
por lo que me tenía que sentir esperanzado.
Ya no somos como uña y carne
porque, cuando las separas,
la uña sigue siendo uña y la carne, carne.
La primera persona del plural mola más cuando incluye a
alguien al que puedas llamar amigo.
Porque cuando estáis
reloco.
Cuando os vais
recuerdo.

Que el pijama de entretiempo
sea lo que nos quitamos
entretanto,
entre tantas caricias,
entre tintas dedicadas,
entre tintos de verano,
entre tontas sonrisas,
entre tientos de labios,
entre cientos de sabios
que dicen que el amor no se vive así.

Entre el desastre

Entre alientos en la oreja,
miradas servidas en pareja,
entre sentimientos en los ojos,
entre cuentos en nuestras bocas
entre semillas de lo que aún no sabemos,
entre arcilla de lo que podemos ser,
girando en el torno,
mientras tornamos dos personas
en nosotros.
Entre armonías suspiradas
rompiendo solos desafinados.
En esta locura entré tanto que
entretanto
tú y yo.

Trae un poco de orden de la que vienes

Este poema se lo reservo a una persona que aún no conozco.
Este espacio será para aquella
que, tras jugar con fuego, se quede.
La que le eche más leña,
siempre pendiente de las castañas
y meta la mano para sacarme de mis cenizas.
Aquella que tenga la clave para hacerme dar la nota
y que ésta siempre sea un sí.
Aquella que me preste su rostro
porque mis labios, mis poemas y mis canciones
quedarán mejor en su boca que en la mía,
todo cambiará de dueño cuando la roce.
Aquella que me ayude a recoger los ladrillos
que me cayeron en la cabeza
y enladrille mi cielo hecho ruinas.
Aquella que me haga declararme tanto
como si tuviese hipo de te quieros.
Aquella que tras encontrármelas en todo el cuerpo
me busque las cosquillas
en el alma.
Aquella que iguale la apuesta
sabiendo que voy con todo sin ir de farol.
Para ella. RESERVADO.

VINT

Soy

un sinsentido   del ritmo
un consentido   del humor
un resentido   del deber
un desentido   común

Soy

Un cambio   de sentido

El chico del millón de dolóres

Un intento de niño prodigio,
iba dar la campanada, han acabado dándole las uvas.
Un síndrome de Diógenes de las ganas
porque se las queda todas.
Experto en encontrar las llaves y olvidar dónde dejó la casa.
Su vida con más huecos que letras,
sus poemas mitad verso mitad ahorcado.
Amenaza cuando amanece,
por las noches Jekyll el resto del día Mr. Quién-hay?
Refugiado en la embajada de subidas
por miedo a encontrar en bajada su vida.
Su cuenta bancaria igual que su temperamento,
solo conoce dos fases, bajo cero o en números rojos.
Ha asumido que se ha sumido en la miseria,
sin saber por falta de talante o de talento.
Con un libro en blanco
precioso y listo para ser escrito,
no quiere mancharlo.
Buscándose a sí mismo,
como la palabra que no encuentra
en el diccionario su propio significado.
Nunca está triste, siempre va de paisano,
porque se asoma más la grima que lágrimas por estarlo.
Incapaz de encontrar un camino para huir de Roma.
Hace tiempo que cerró los ojos,
porque le dijeron que las heridas
solo se curan cuando no miras.
Siente frío en los pies,
porque la orquesta sigue tocando, aunque el barco se hunda.

Ya no se le ocurre nada bueno.
Ya no le ocurre nada.
Ya nada.
Ya.

Desastre de dos patitos

Si te vas, te voy a doler.
Porque yo tengo poco,
pero a ti te falta mucho.
Me he esforzado por ser el que conoces
y tú en que te desconozcamos.
Llevas tanto tiempo pensando en irte
que hace ya mucho que no estás   —bien—.

Porque sabes que siempre dejo la puerta abierta.
Porque hay una vida más allá de nosotros,
pero también hay un nosotros más allá de esta vida.
Soy de los pocos que conocen tus remedios.
Te di paracetamol y *parasiempre*,
y no confiaste en ninguno.
No me escudaré en un "las cosas son como son"
si no te diste cuenta de cómo cambiaron,
tampoco de cómo dejaron de ser.

Como si tu necesitases cuatro gatos.
Como si los gatos fuesen a decir que te necesitan a ti.
Como si algo de lo que arrastras fuese verdad.
Como si no te ayudásemos a cargarlo.
Como si el que ve la paja en el ojo ajeno,
no llorase sangre.

Atrévete a irte si es lo que quieres.
Te deseamos lo mejor.
Intentaré mantener a los cuatro gatos
por si algún día cambias de opinión.

Preparado para el desastre

Espero que no pienses que soy frío,
que todo este tiempo no ha sido nada,
que no me duele el futuro,
ni todo lo que no hicimos.

Espero que no pienses que soy frío
cuando camines entre nosotros sin cuerpo
y veas sin ojos tu huella.
Que encuentres lo que hay más allá, de mis no lágrimas,
porque cuando el cielo se parta
no caerá ninguna gota.

Espero que no pienses que soy frío
cuando no llore al verte por última vez,
pero esa imagen la he visto muchas veces
y todas las he sentido reales.
Cada vez que te tenía lejos
pensaba que tal vez ya te habría visto
por última vez.

Cada vez menos seguro
de que el destino no era tan despiadado
como para desatar en la tierra aquel infierno,
miedo que ni mis pesadillas se atreven a mirar
cuando pasa.

Espero que no pienses que soy frío.
Si no ves lágrimas en mí
es porque me hice a la idea
de que algún día me faltaría tu calor.

Espero que no pienses que soy frío,
porque ese golpe ya me lo he dado,
tantas veces que creció callo.
Me quise hacer tan fuerte
que ni ese miedo se atreviese a existir.

Trabajo final de grados de alcohol

Me han acusado de muchas cosas,
pero nunca de inocente.

CHINATOWN

Abstemio del amor.
Sujetador de cubatas.
Virgen del beso del chupito
que te despierte
con chupetón y resaca.
Ni he vomitado mis penas
ni he bailado mis alegrías
como se merecen.
Así hasta que llegues tú
y contigo el coma *etílico*
y el puntillo y *final*.

Desastres después de las tormentas

Yo vería contigo nuestros anocheceres.
Nos miraría las estrellas *entimismado*
contando historias reales de constelaciones inventadas,
nos llenaría la luna si la vemos medio vacía.
Ignoraríamos a las estrellas fugaces,
solo quieren llamar la atención,
distraernos el uno del otro
y por no quedarse no saben lo que se pierden.

Yo vería contigo el amanecer,
el sol nos saludaría con los rayos despeinados,
y las nubes del revés.
Le diría al reloj que se ponga en marcha después de nosotros
y al horizonte que aún no puede ver lo que le espera.

Yo vería contigo llegar la tormenta.
Al gris recordar que todavía existe
que es el más ansioso en llegar
y el más perezoso en irse.
Nuestro cielo a punto de hacernos saber
la que se nos viene encima.

Yo vería contigo la primera gota caer.
Después llovería contigo.
Para quedarme después de la tormenta,
y bajo el arcoíris decirte
que aún me queda mucho que ver contigo.

Metas del desastre

Some day you will be old enough
to start reading fairy tales again

C.S. Lewis

Soy escritor de fantasía hasta escribiendo poemas. Escribo que los sueños se cumplirán y aprenderás de los errores… pero no es ninguna ciencia que a veces eso es ficción. Muchas veces no pasará. Muchas veces la vida será vida y te arrepentirás como todos de haber deseado ser normal, pero eso no es excusa para que lo acabes siendo.

Porque yo, que soy escritor de fantasía hasta construyendo mi mente, me he dado cuenta de que ha sido conquistada por un imperio de esperanzas dolorosas y sueños imposibles.

La chica que ni me conoce me pide matrimonio mientras me dan el Oscar al mejor actor, sin haber aparecido en ninguna película.

Me escudo en que si no los cumplo es porque no me motivan lo suficiente.

Creo que cuando muera sin haber hecho nada por falta de ganas llamaré a ese imperio "las metas del valiente", lo que irremediablemente me convertirá en un cobarde. En alguien normal.

Y ahí ya no me valdrá lo de que me faltaba motivación para evitarlo.

¿O es que acaso a ti sí?

Crónica de un desastre anunciado

Mi pequeño gran espejo de nácar. No te caigas.

Tú que me devuelves un reflejo mejor que la realidad. Aunque intento siempre imitarlo, es imposible hacerle justicia si no estás para recordármelo.

Sé que muchas veces remontaste el vuelo, pero ésta es diferente. Vi las grietas antes del choque. Ningún aviso te prepara para el traidor del martillo. Y a pesar del golpe, los mil pedazos que eres ahora se resisten a perder la guerra por su cuenta.

Me da miedo la brisa, en el umbral del tacto. Bastaría para hacerte saber lo rota que estás. Cuando lo sepas pasará a ser realidad. Y caerás.

No lo hagas. Aún hay tiempo. Hoy, rotura, mañana, cicatriz, pasado, el mal trago.

No te caigas. Aún hay tiempo, antes del próximo martillazo.

Llegará el día que te mire sin prestar atención a mi reflejo, porque yo soy yo, porque tú eres más tú que nunca, porque conoces el reflejo del martillo.

Y entonces, lo podrás controlar.

Previo al desastre

—A caballo regalado no le mires el diente— dijo el último rey de Troya.

Desastre ¿

Tengo papeles que demuestran que estoy loco.
Agarra mi libreta, verás que no me equivoco.

KAZE, *Humilde*

El otro día me preguntaron si me leería si fuese un libro.
Mi respuesta fue que no, sin saber muy bien por quién.
Así que me puse a escribirme y sudé tinta
para que mi primera letra no fuese ¿

¿Quién soy yo para ocupar un sitio en tu estantería?
Yo soy yo, soy nadie y alguien.
Soy quien soy más por lo que no me pasa e imagino.
Soy más por lo que dudo que por lo que aseguro.
Soy más por lo que persigo que por lo que abandono.

Un consejo: las cuentas nuevas se leen peor sobre borrones.
Es una de esas cosas que ni aunque te avisen te las esperarás.
Como que pasar de página es muy fácil, escribir algo diferente
es lo complicado.
Como que pensarás más en las dedicatorias que escribirás en la
primera página que en el resto del libro.
No sé quién me leerá en un futuro,
quién será tan valiente como para entender
el desastre que voy a ser.
Porque lo voy a ser. Y a mucha honra.
Me hartaré de guardar las formas.
Nunca quise ser clásico y cuadrado,
así que, circulo.

Aquí estoy yo:
Abierto por la mitad,
las hojas en blanco
y un boli como marcapáginas.

Allá que voy:
El libro que colocas en la estantería para que aguante al resto.

Desastree

Esta mañana me estaba comiendo el coco.
Debo de ser un melón y no por mi corazón,
sino por pasar tanto tiempo en la higuera.
Prometo que no tengo miedo de que me den calabazas
pero he tocado hueso.

Me siento la pera bajo el olmo pidiendo una compañera.

Puede que algún día, aunque lejano
mi espera dé sus frutos,
porque no pienso decirle a la primera en caer
"sé mi ya".

Desastre en clase

Hoy me han explicado en clase el apalancamiento financiero.

Consiste en perder el control, en dejar entrar a otros, que influirán en tus decisiones. Ya no podrás invertir tu tiempo y tus recursos libremente porque tendrás una responsabilidad. Un deber. Suena horrible.

¿A que sí?

También me han explicado que con lo que te aportan esas nuevas personas eres capaz de crecer, de llegar más lejos y mucho más rápido de lo que lo harías solo.

Debo de estar loco.
Porque me hablaban de apalancamiento financiero,
y yo pensando en ti.

Desastre natural

A veces solo.
A veces dios.
A veces, solo dios.

A veces solo.
A veces solo una creación.
El unicornio incapaz de mirarse al espejo
que sospecha que el peso sobre su frente
no es solo un lunar.
El fénix a punto de volver a abrir los ojos
deseando reconocer el polvo entre las cenizas
para no volver a verlo jamás.

A veces dios.
A veces dios contigo.
Omnipresente solo en los lugares que importan.
Omnipotente solo si tú lo quieres.
Omnisciente no. Nunca.
Ni siquiera un dios puede saberte.

A veces solo dios.
Solo a veces.
El dios del dolor de espalda,
hasta las columnas de su templo están torcidas.
El que piensa que la próxima quimera
con tres cabezas que echan fuego
será mejor idea que la anterior.

A veces solo.
A veces dios.

A veces solo dios,
solo si me rezas.

Desastre 33

Si quieres saber quién soy
tengo que hablarte de mucha gente.

MAMEN MONSORIU

Empecé por no saber pronunciar tu nombre,
ahora lo deletreo con todos los favores que me has hecho
y lecciones enseñado,
muchas de ellas sin abrir la boca, ni soltar el boli.
Porque la única manera de escribir mal
es no hacerlo.

Durante un tiempo traté de aplicar
la ingeniería inversa en tus poemas,
para comprobar dónde nace la genialidad.
No puedo decir que perdí ese tiempo, porque lo disfruté,
pero entonces comprendí que nunca nadie te igualará
en versoltura o prosadía.

Los zumbidos de las moscas tras mi oreja
me recuerdan a ti
y en lo dulces que suenan
desde que les diste nombre y sentido.
Inspiración lo llaman,
quienes no lo conocen.

Desde el primer día
no fuiste lo que quería,
sí lo que necesitaba.

Me has cambiado los ojos con los que me invento el mundo.
Gracias a ti convierto el día en día
y las noches en "mías".
Gracias a ti soy un desastre
perfectamente mal escrito.

Escombros

Mi declaración de rayadas salió a revolver,
cuando me quejaba de que el viento no se llevaba
lo que un día presumí que soportaba un huracán.
No te imaginaba,
pensando que había dejado la mente en blanco   roto.
Intenté estrechar lazos, acabamos ahogando el nudo.
Un plural bastante compasivo
teniendo en cuenta tus tormentas,
que seguían con el suelo seco.
Hasta los juegos eran problemas.
El cubo de Rubik con más colores que caras.
El piedra, papel y te giras.

Pasamos de buenas a primeras a malas con segundas,
de estar de paso a estar de zancadilla,
bajo los puentes que construimos
duermen nuestros recuerdos.
Apagué el fuego.
Para no sangrar más,
ahora acabo las discusiones,
me he hecho al punto.

Volvamos o no algún día a Pompeya,
los abrazos y sonrisas seguirán allí,
debajo de nuestras cenizas.

No es desastre todo lo que reluce

Generaliza.
No quieres perder el tiempo.
La vida se concibe regateando esfuerzos.
Solo los tontos no se creen los más listos, ¿no?

Generaliza.
Escoge el libro por la portada.
Sabes que hay buenos libros con cubiertas preciosas,
aunque también algunos valen la pena siendo más feos.
Los malos libros pueden ir acompañados
de portadas engañosamente bonitas,
o tan horribles como su contenido.

Generaliza.
¿Qué puedes perder?
Tan solo un cuarto de felicidad
y dos de aprendizaje.

Claro está,
no hablaba de libros.

Déjate ya de desastres

Escribiría un manual de cosas que hacer
cuando no quieres hacer nada,
pero...
Si los ojos son la ventana hacia el alma,
la mía ha bajado la persiana, cansada de las vistas,
se ha encerrado para poder ver sus películas tranquila.
Llevo años ya jugando como si hubiese amañado el partido,
perdiendo como si no.
Con ganas de que mis tropiezos suenen menos a excusas,
pero es que esa piedra no estaba ahí antes.

El miedo al fracaso vence por completo
cuando te ríes de la derrota
porque no te has dado la oportunidad de ganar.
Ese es el único consuelo de los perdedores.

Ahora habito la incertidumbre,
ese amargo silencio entre canciones
como la avestruz que esconde su cabeza del mundo,
como el gato de Schrödinger,
si no abres la puerta de mi cuarto,
es imposible saber si estoy vivo o no.
Aunque la verdadera paradoja
es saber si de verdad
algún día
llegué a vivir.

Contracorriente 37

En una corriente en la que tengo que darme prisa
por esquivar las rocas sin saber si el río seguirá
o acabará en catarata.
Sin saber si las aguas se calmarán,
porque a este ritmo no tardaré en ahogarme.
Sin saber si de milagro consigo salir,
podré nadar en otro.
Preguntando cómo lo hizo el resto,
como si la teoría me fuese a servir de algo.
Me dejo llevar imaginando otro camino,
uno donde puedo dejarme llevar.
El lado tranquilo y aburrido,
al que van todos los que nadie recuerda,
aquellos que de poder se olvidarían a sí mismos.
Mentiría si dijese que ese camino no me atrae,
si dijese que creo que no puedo ser feliz en él,
si dijese que prefiero morir a sobrevivir así.
Mentiría si dijese que me resignaría,
pero mentiría si dijese que lucharía con todas mis fuerzas,
porque al final me inventaría que aquel lugar
en el que acaban los olvidados no está tan mal.
Me inventaría algo para que acabar allí no fuese una derrota.
Qué malo es tener tanta imaginación a veces.
Y qué bueno otras.
Porque sabiendo eso,
no me pienso dejar llevar.

Contracorriente 38

Leo el desastre mucho tiempo después del que en realidad ha pasado, y solo puedo pensar que no está mal, pero ya no me representa.

No porque me haya dejado llevar. Aún no.
Sigo queriendo ser alguien, por suerte o por ni puta gracia.
Sigo queriendo ver algún día mi nombre en el letrero de una calle. Solo que ahora sé qué pasaría después.

El día de la presentación sería de los más felices de mi vida. Respondería preguntas que ya me había imaginado que me harían y sonreiría mucho.

Al día siguiente ningún transeúnte recordaría el hombre tras el nombre. Y así pasarían muchos años. Yo moriría, y cada placa de la calle funcionaría como un vestigio.

A través de ellas vería a los niños jugar sin poder unirme, a los adolescentes hacer el idiota sin poder mirarles con asco, a los adultos contándose sus problemas graves y a los ancianos tenerlos.

Cuando mi nombre estuviese casi borrado vería a una joven sonriente por poder inaugurar una calle con su nombre, y cada tornillo que quitasen de cada una de mis placas sonaría a un "ya era hora".

Y es que cada vez entiendo menos cómo seguimos teniendo miedos si sabemos que no hay razón ni justificación detrás de la mayoría de ellos.

Puede que todo esto venga porque en mi cabeza han superado al miedo de no llegar a ser nadie.

Ahora le he ceñido la corona al miedo de que me paralice el miedo, y no puedo estar más orgulloso. Y lo cuento como si tal cosa porque tener ese miedo me define hoy y perderlo lo hará mañana.

Postdata:

De estos desastres he aprendido 4 cosas:

Que los desastres se entienden mejor en pareja. No sé en qué lugar me deja eso.

Que una persona puede cambiar sin pasar de página.

Que los poemas suceden muy rápido para quien los lee y muy lento para quien los escribe.

Que me da igual si mi nombre se escribe en el cartel de una calle o encima de mi número en la servilleta de un bar roñoso que acabará en cualquier basura, con suerte en la mía.

Lo que pienso ahora es que quiero que Víctor se escriba
con acento en la i,
en el aquí
y en el ahora.

Desastre traducido en lengua viva

Ahora que te he conocido voy a cambiar mi manera de escribir.
Voy a utilizar el empirismo como método poético,
para con mis letras dibujar tu silueta durmiendo,
con la boca abierta, las sábanas manchadas, el pelo despeinado,
y que sea mi mejor cuadro.

Tal vez notes que estos primeros días de nuestras nuevas vidas,
saben y huelen como anoche.
He dejado de entender las paradojas,
porque contra esa fuerza irresistible,
no hay objeto inamovible que resista.

Espero que comprendas
lo suaves que resultan mis manos
cuando te acostumbras a su áspero,
que lo mejor para hacer grafitis son las uñas,
que nos faltan demasiadas cosas que ver en el espejo,
muchas de ellas no tendrán nombre en latín ni sánscrito.

Espero que comprendas
que hueles como nadie
aun llevando la misma colonia que el resto,
que estoy deseando protagonizar junto a ti
el anuncio de ese perfume.
Espero que comprendas,
que cuando te vuelva a ver,
espero que no con prendas.

Desastre de poetiso

No soy poeta y dudo que algún día lo sea.
Mis poemas más que poemas son ocurrencias
y más que ocurrencias son la expresión
de mi sencillo complejo de hacerme el inteligente.
Vivo más pensando en la reacción de ojos ajenos
que las letras que leerán.
Escribo por gusto, porque me merece la pena, no por necesidad.
Sé bien lo que pasa en mi cabeza
salvo cuando no lo sé.
Encuentro más gracia en la tristeza
y no porque se esconda bajo mi sonrisa,
está la calma, la duerme,
pero sin público no hay motivo para sonreír.
Intento percibir mis carencias como metas,
así el amor también es fuente de inspiración.
En mi vida existen más versos de besos
que besos que merezcan versos.
No soy poeta, no,
pero lo parezco.

Zona de desastre

Estoy en guerra conmigo mismo.
Todo porque me pillé enamorado de la idea de dejar de estarlo.
Desde entonces lucho armisticios y pacto trincheras.
Soy la bomba de racimo sin objetivo,
no voy a beber vino y comer uvas con la primera que quiera.
Nuestra vida pasa por delante de mis ojos,
y veo la muerte en vano de ese tiempo en su espalda,
alejándose.
Reduzco la cadencia de disparo
para aumentar la latencia del impacto al corazón.
Reptando bajo el alambre
cortándome con el muérdago.
El francotirador armado tan solo con prismáticos.
Pum.
Esa hubiese caído.
Bienvenida quien se acerque por la espalda,
me sorprenda y rasgue mi garganta con su hoja,
se llevará escrito lo que nunca he podido pronunciar.

Desastre quarante-deux

Te faltó darte cuenta.
Te faltó esa frase que se te ocurrió en la ducha la semana siguiente.
Te faltó valentía.
Te faltaron tantas cosas.
Te faltó dejar de soñar despierto y ahora ya no puedes dormir.

Té faltó.
Puede que café.
Un par de cervezas,
tal vez vino.
No, no vino, no.
Supongo que nunca lo sabrás.
Y todo porque te faltó preguntar.

De sastre

Hecho a medida.
Después de tanto tiempo -sin pedirlo- te lo has ganado.

Nunca nos hemos parecido en nada
de cuerdas vocales para abajo,
y de ideales hacia arriba   ¿Cómo de arriba?
Pues entre el primero de cambios y el sexto sentido.

Íbamos a pasear los problemas
y nos los dejábamos en casa.
Aun así, siempre recogíamos la mierda.
Nunca nadie se ensució los zapatos por nuestra culpa.

Tengo el armario lleno de tus perlas de sabiduría heredadas
que quedamos algún día te devolvería,
aunque hay cosas que jamás podré quitarme.
Y la estantería plagada de todos los libros que te he pedido
salvo uno. El tuyo.

Lo mágico de pasar una tarde planeando
y que siempre permanezca ahí, en el aire.
Lo impresionante será cuando las aterricemos
y nos aplaudamos por encima del murmullo
y nos sepamos cumplidos.

Caminaremos descalzos entre los cristales rotos del resto,
entre ginebras, taburetes, pereza y nuestras propias voces
resonando en calaveras llenas.

No te confundas. Tal vez empecemos juntos.

El gordo de mi flaco.
El Mario de mi Luigi.
El Hernández de mi Fernández.
Pero no es para siempre.

Algún día nos batiremos.
Como Salieri y Mozart,
como Góngora y Quevedo,
como Sherlock y Moriarty.

No es que vayamos a ser enemigos,
es que solo confío en ti
para plantarme cara en lo más alto.

Borrador 44

Hay poemas que no quieres escribir.
No puedes, no te atreves.
Medias verdades basadas en hechos mentales.
Jamás pronuncias esas palabras
frente a la oscura y profunda cueva,
sabes que tu eco no te las devolverá,
no por su ausencia, sino por el miedo a tu paso atrás.
Quédate con su silencio,
inmóvil,
jugando con el aire en tus pulmones.
Juega mientras puedas,
puedes mientras quieras.
Al girarte sobre tus talones espera el abismo.
Estás a un paso   —al vacío—
de la amenaza de otro tú.
Hoy no quieres dejar de jugar.
Aquí el aire te acaricia la piel,
el calor del sol te abraza
y no encontrarás papel
ni fuerzas
para escribir el poema
que no quieres escribir.

Desastre Inédito en directo

Momentos duros ahora mementos caros,
guardados como oro en paño
tras cristales empañados
de mi casa de empeños,
porque
hubo instantes átonos a tonos grises,
aun así a todos quise, y sé,
que aunque suena a tópico, noto que
por mucho que valore lo que hice
me arrepiento más del compás que no toqué
aunque suene atópico.
No.
En esta casa que se cae llego sin avisar
demasiado de que he venido
los muros susurran sus últimos suspiros.
En esta casa que se cae llevo sin avisar
demasiado de que he leído
que soy preso de la prisa y presa de la prosa
en uno de los libros caídos.
Y alrededor
tanto papel y yo pensando en cerillas,
pensando en ser ellas,
romper la bombilla, prender de nuca a barbilla
soñar en color amarillo, llenar el techo vencido
y gritar a las estrellas que ni ante ellas me arrodillo.

Midiendo el desastre

No puedo pensar en nada más.
"Ni siquiera es tan importante"
pensaba un minuto atrás.
Cuando aparto mi mente de ese pensamiento,
una nube me envuelve,
me mira a los ojos
y en los que no tiene me pierdo.
Aparto la mirada si me concentro,
y me concentro, de verdad,
pero la nube vuelve y no la quiero afrontar.
Así que venga, OTRO INTENTO.
Así paso un rato, dos ratos, tres…
¿Cuánto es un rato?
No lo sé,
pero si mi vida se mide en ratos
ya he perdido tres
y muchos más que perderé.

Desastre de caballería

Hay veces que merece la pena luchar,
aunque no sea nuestra guerra.
Luchar por quien nos enseñó a lavarnos las manos
en lugar de buscar sangre en las ajenas.
Aquellos que abrieron la tierra
cuando la poníamos de por medio.
Se convirtieron en un llavero en esa cadena de favores
en la que éramos el eslabón más débil.

No todas las batallas se ganan,
no siempre estaremos en el mismo bando,
y aun así cada una de nuestras victorias serán suyas,
porque ver la espada mellada del enemigo acercarse,
nos hará afilar las propias.

Porque hay veces que merece la pena luchar,
aunque no sea nuestra guerra,
y recibir los golpes
y guardar las cicatrices
y recordar,
sobre todo recordar,
que nunca ganamos una batalla completamente solos.

El desastre no es iluso

Me compadezco de los que me dicen «no te fíes de nadie».
No les falta razón, pero qué vida más triste seguirán.
Acortando los abrazos para buscarse el puñal en la espalda
y al no encontrarlo pensar que se sitúa en el punto ciego
donde solo cae jabón en la ducha.
Midiendo sonrisas, desconfiando de susurros.
Para ellos solo existe la música de fondo,
y trasfondo.
No creo en la mala fe, solo en el egoísmo
y por supuesto que lo perdono en el resto
porque primero lo hice en mí mismo.
Solo se llevan lo malo del oficio del ladrón
si piensan que son todos de su misma condición.
La desconfianza solo trae daño,
porque la duda ofende y la ofensa justifica.
¿No les cansa buscar lo malo en lo demasiado bueno?
No es lo mismo desconfiar que andar con cuidado.
No te quejes del fuego si echaste gasolina,
ni de ojeras si duermes con un ojo abierto.

A veces para encontrar la oscuridad
basta con mirar en el centro de los ojos claros
y no por ello son menos bonitos.

Pero tampoco el más avispado

Pensaba que traerías el orden,
pensaba que le podría dar un final feliz al libro,
pensaba,
obviamente pensaba demasiado.

Intento no pensar,
moribundeando por las calles
con réquiems en los auriculares,
pero
si la música calla mi mente,
y la calle calla la música,
y mi mente calla a la calle,
¿qué cojones me queda?

Pues un taburete de cinco patas
a poca distancia de la soga,
que me queda como un guante.

Y aún así, siempre será desastre

Voy a dejar de conjugar los verbos bonitos,
ni pasado ni presente ni futuro,
para qué denotar tiempo
si yo amar.
Porque el tiempo no separa.
Porque el tiempo no se para.

Voy a quedarme tan vacío escribiendo
que la bilis sustituirá a la tinta,
para solo repetirte lo mismo
de muchas maneras distintas.

Apagaré la alarma de incendios,
para poder pasar los días en llamas
y las noches en vela.
Tarde o temprano
                    —el tiempo te he dicho que no importa—
haré mía la tierra de nadie en la que me dejaste,
treparé entre cientos de alguienes y de ahoras
porque, aunque no haya competición ni cima,
quiero ganar y llegarte a lo más alto.
Para nada en concreto,
para todo si queremos.

Además, te lo voy a poner muy fácil,
si no me diezmas con un beso
dejo que pruebes con diez más,
voy a mentirte con los dedos cruzados tras la espalda
para que todo se cumpla,
a salirme de los márgenes

hasta que te pique el gusanillo.

Pero será secreto por ahora,
porque solo se corre la voz
si ve tu sonrisa,
y pienso acaparar las todas.

Solo me queda decirte
que espero que a partir de ahora
vengas mañanas y tardes
en irte.

Estropicio 51

Me he sentado frente al mar,
en mi playa de arena
después de un perfecto trabajo mal hecho,
pensando en qué voy a hacer ahora,
que no me quedan piedras con las que tropezar
de nuevo.

Destrozo 52

Nunca he creído en la reencarnación,
pero tengo esperanzas de equivocarme
desde la muerte de aquel jueves
un viernes a las 7 de la mañana.

Herencia

Los que vienen tendrán un poco de los que se fueron.
Enseñaré vuestras sonrisas y rostros orgullosos con el mío.
Les llamaré trasto y petardo.
Explotaré de felicidad con ellos.
Seré la miel más dulce y el cincel más suave.
Me daré pidiendo que se pidan a cambio.
Seré el yo que necesitan, lo sepan o no.
No dejaré que nadie les diga que callen tras soplar las velas.
Por mucho que a otros no les interese,
hace mucho tiempo aprendí
que no solo los genios ayudan a cumplir deseos.

No hay huevos

Abrimos las puertas al llegar y al irnos.
Invitamos en la primera cita y en las siguientes.
Dejamos el abrigo cuando dicen que hace frío.
No sabemos lo que es el frío.
Somos manitas, mecánicos, electricistas,
duros, inflexibles, disciplinados.
Matamos los bichos de casa.
Nos gustan Batman, John Wick y El club de la lucha.
Jugamos al billar y al póker mientras bebemos cerveza tostada
y whisky.

Ayudamos a superar traumas, nunca los tenemos
Paliamos dolores, nunca los tenemos
Entendemos los sentimientos, nunca los tenemos
Comprendemos los altibajos, nunca los tenemos
Enfrentamos sus miedos, nunca los tenemos

Hablamos menos y actuamos más.
Gritamos más fuerte,
insultamos más fuerte,
pegamos más fuerte.
Seguimos en lo alto de la cadena.
Follamos mucho y mejor que nadie.
Conducimos más y mejor que nadie.
Nuestra música es la que más mola,
la deberían escuchar todos.
Siempre de pie, estables, equilibrados.
Pensamos en más de una, aunque solo haya una.
Solo nos importa el exterior. ¿Y tú? ¿Tetas o culos?
No lloramos. Nunca.

Cobramos más y somos más altos y fuertes.

Levantamos los puños por menos que miradas.
Bajamos las orejas por más que asesinatos.

Qué pesado es ser más hombre que persona.

Avanzad, mujeres, avanzad
y coged de la mano a los niños
para que no se pierdan
y puedan ir detrás.

El desastre de detrás del Burger King

He pasado por al lado del edificio que dejó de vernos.
No me he atrevido a entrar en ese callejón que ha existido de forma intermitente los últimos años.
Las cosas que quiero contarle al edificio y a nuestros profesores aún no han pasado.
Ni siquiera se ven a lo lejos. Mira, en eso se parecen a ti.
No le he preguntado, pero creo que aún no te ha perdonado.
No ha perdonado no vivir más tardes camufladas de días noruegos, horas y horas sin sol.
No volver a oír tu poesía.

No te perdona porque hiciste que la historia que presenció no fuese la de alocados triunfadores, sino una tragicomedia con final abierto.

Una de esas en las que al final aparecen las fotos en blanco y negro de los personajes reales, mucho más feos que los actores. A su lado está escrita su vida en un resumen. Brian no consiguió cumplir su sueño, a día de hoy vive feliz trabajando en un almacén y jugando a tenis los martes por la tarde. Michael salió del armario, se graduó y plantó un árbol. No tenemos información de Víctor porque no se ha pasado a saludar al edificio.

No te perdona ese niño que vimos crecer y nunca se pudo venir a jugar con nosotros, pero es que nosotros no jugábamos, solo estábamos, vivíamos.

Creo que es justo eso lo que no te perdona.
O eso es lo que pensaría si yo fuese el edificio.

Él no te ha perdonado, pero yo casi sin darme cuenta sí.

Lo supe el día que imaginé tu cara y sonreí.

No era una de esas sonrisas, meta de la lágrima corredora que escuchó el pistoletazo de salida en tu recuerdo.

Era una sonrisa de "sé que no estás, ni estarás, pero es que yo tampoco estuve".

Una de esas de "no estás aquí para darte una hostia, ni para pedirte perdón, ni para pedirlo tú

y no pasa nada.

Está bien".

Una sonrisa que decía

"No sé si nos veremos algún día,

pero ya nos veremos".

Desastre de nunca jamás

Ninguna vez dos desconocidos chocaron en plena calle.
Ella, la única en toda la ciudad que nunca perdía los papeles.
Él, el único capaz de esparcirlos por el suelo.
—¿Te conozco de algo? — preguntó ella.
—De haber chocado contigo hace un segundo— contestó él—.
No es un momento muy bonito. Prefiero que me recuerdes por
otra cosa. ¿Tienes tiempo de un café?

Él le dijo que escribía poemas. Ella quiso leerlos. Él no le dejó.
Ella dijo que solo sabía sonreír en las fotos. "Lo demás debería
estar prohibido" contestó él. Ella le preguntó que qué quería.
Él contestó que encontrar a la mujer de sus sueños. Ella dijo
que le ayudaría. Él sonrió, porque para eso debería formar
parte de ellos. Ese día empezaron a empezar cosas, intentando
nunca acabar de acabarlas.

—Cacé todas las mariposas que revoloteaban en mi estómago—
dijo él—. Pero dejaron huevos y necesitan una nueva madre.
Ella sonrió y él escribió sobre ella.
—Eres ese alguien de todos los días que solo me pasa una vez
en la vida— dijo él.
Y ella sonrió, y él escribió sobre ella.
Ella le pidió ver lo que había escrito. Él no le dejó.

—Si las miradas matasen jamás volvería a mirar al espejo si no
estás tú a mi lado para revivirme— dijo él.
—Si duermo delante de ti quiero que me pellizques para dejar
de soñar y así estar contigo y si sueño contigo déjame, para que
pueda seguir allí— dijo él.
Y ella sonrió. Y él escribió.

Él era tan hambre. Ella tan ganas de comer.
Era un amor de vida y vuelta.

Ella cogió el cuaderno de él, y lo leyó.
Él solo escribía de la mujer de sus sueños.
Ella pensó que allí no la encontraría.
Ella no sonrió y se marchó,
y con ella el sonriquete del poeta perdió presión,
de su herida brotó tinta que decoloraba la sangre que aún fluía.
Él no volvió a soñar, ni a sonreír,
ni a soñar sonriendo, ni a sonreír soñando
hasta que la encontró.
La mujer de sus sueños le sonrió con pena.
Y él quiso escribir tanto.

Y sin embargo le dijo que ninguna mujer debe aspirar a ser lo
que escribe un poeta porque esa mujer solo existe en los ojos
del escritor.

Le dijo que ella no debía aspirar a ser la mujer de sus sueños
porque entonces dejaría de serlo.

Despropósito 57

No te voy a escribir,
si lo hiciese no creo que me pudiese controlar.
Te demostraría que el camino más rápido al enemigo
es a través de la espada
y los vacíos que dejaste juegan en tu contra.
Crearía una obra que engordaría tanto tus inseguridades
hasta casi hacerlas explotar
solo para hacértelas tragar de nuevo.
Despertaría en ti nuevos miedos tan terroríficos
que convertirían los que tenías en dulces utopías.
No te diría del mal que te tienes que morir, yo lo personificaría.
Suerte que soy capaz de controlarme y no te estoy escribiendo.

Catástrofe 58

Ojalá nunca hayas leído nada de lo que te he escrito,
porque me destrozaría saber que a pesar de eso
no me has buscado

MARIO BENEDETTI

Como no me dejas leer, sin siquiera estar aquí, me va a tocar escribirte.

Siempre me han gustado los magos, porque veo fácil dónde está el truco, dónde el engaño, dónde la magia.
A ti no te vi venir.
¿En qué momento me llenaste la cabeza de pájaros?
Palomas y mirlos blancos, son cientos y los siento volando.
Para que cualquiera me diga que una golondrina no hace verano.

La magia está en que no lo he visto, porque me has cegado.
Puede que fuese con esos dos ojos de pantera,
a los cuales ni el filo del cuchillo se atreve a devolver la mirada,
tan acogedores como solo puede serlo el peligro.
Puede que fuese cuando el laberinto de mi huella dactilar
pudo perderse en ti,
cualquier día vuelvo,
que mi índice perdió su lentilla cerca de tu ombligo.
Puede que fuese durante alguna de las lagunas
que tengo de esas noches,
porque en todas te veo reflejada.

O puede que fuese cuando hiciste que me despidiese de todas
esas canciones que no quiero escuchar si no es con tu voz.

No me creo que alguien así haya perdido la fe.
No estoy de acuerdo, porque a cuerdo no he llegado
para que me vuelvas loco sin motivo.

Y si tanto te duelen esas heridas déjame decirte
que siempre me ha gustado escuchar la marea en las caracolas,
que a ti te dejaré que me susurres tus terremotos,
y si eso no sirve, te recuerdo que estoy hecho
de un 70% de agua
oxigenada.

Te has vuelto esa droga que me coloca   donde quiere.
Esa que tarda 20 minutos en hacer efecto
y 30 días en desaparecer.
Ahí es lo más duro, cuando empieza el mono,
el monográfico en mi cabeza protagonizado por ti.
En el que tumbado a tu lado veo las figuras de las nubes
en los restos de pintura de tus uñas.
En el que cambio las protagonistas de mis frases de amor
porque te mereces todas,
y te digo que mi idealización te subestimaba,
y jugamos a ser niños que juegan a ser adultos,
y te digo que mi dirección siempre será tu dirección,
y te llevo a la mansión que construí con las piedras con las que
me lapidaron, por decir que la única blasfemia es no creer en ti,
y me lo juego todo a una carta de amor,
que no voy a enseñar,
porque tengo demasiado que perderte.

Endesastrecasílabo

—*¿Qué te pasa?*
—*Que no encuentro las hojas con mis poemas.*
—*¿Sonetos?*
—*Sí, son esos. Gracias*

Esta página no esconde secretos
porque dudo saber en qué consiste
enmascarar lo que en otras ya viste
bajo otro desconocido sujeto.

Mierda. Quería escribir un soneto,, para que tenga sentido el
chiste,, pero no escribiré algo malo y triste,, porque os tengo
demasiado respeto.

Más duele el caer, si está alto el listón. Por querer salirme fuera
del tiesto,, me llevo esta tremenda decepción.

Aunque mejor no darlo por supuesto,, tal vez el poema sea mi
lección,, o puede que sea todo lo opuesto.

Desastre A

2A+3B=246

Háblame de la soga,
mañana es mi ahorcamiento.
No sacaré el tema por respeto
a mi andante y funcional cuerpo presente.
Me burlaré de la cuerda,
perdiendo la cordura,
pues no me hará falta
cuando me introduzca en el nudo que dará paso a mi desenlace.
Esa cuerda que ahoga, pero no aprieta.
Entonces podrás llamarme loco de atar,
anudar
y ahorcar.
Antes, quiero reírme a carcajadas,
que te rías tú a horcajadas
y me des un beso.
Lo reproduciré en bucle cuando le saque los ojos a mi vida si
intenta pasar por delante de los tuyos.
Si no quieres eso será mejor que no hables de la soga en casa
del ahorcado.

Desastre B

4A-2B=238

Hay quien diría que es un libro abierto.
Hay quien diría que conoce su historia
por haber leído esa página.
Hay quien diría que es un personaje
por lo poco personaje que es,
que no merece la pena prestarle atención,
ni tampoco devolverlo a la estantería.
Hay quien diría que hay quien diría lo que fuera
por conseguir su objetivo.
Hay quien diría que eso es salirse del tema.
Hay mucha gente que dice muchas cosas,
nadie tiene porque tener razón,
pero seguro que hay alguien que se equivoca.

Hay quien diría que es un libro abierto.
Hay quien diría que no hay secretos en alguien así.
Hay unos pocos, unos pocos que dirían que esos libros
que muestran un extracto cualquiera
de una página cualquiera,
son los más astutos,
porque, mientras, los libros cerrados se llevan toda la curiosidad.
Hay quien diría que los libros abiertos
son los que mejor ocultan los susurros.
Hay quienes dirían que quienes digan eso son unos cabrones,
por andar desvelando su secreto.

Hay quien diría que es un libro abierto,
porque no tiene nada que ocultar
que no esté a simple vista.

Desastre para septiembre

Yo celebraba cuando en el cole sacaba un 5, y me reía cuando mi nota era menor. Me decían que reírse de las malas notas era fomentar la mediocridad, cuando en realidad es reírse de la que intentan imponer como sistema de medida.
Porque el inglés se enseña mal
y todo lo demás también.

Los problemas deberían ser distintos. Nunca he visto a un tal Carlos con 60 melones, y si Ana le ha cogido 5, la han arrestado. Si salgo de mi casa y voy a 100 km/h nunca me cruzaré con ella que va a 200 en sentido contrario. No siempre que multiplicas las alegrías de los demás te llevas una.

Da la sensación de que la vida es un tipo test, en el que los errores restan, y nos hemos empeñado en crear una opción más: No sé, pero contesto. Pero qué voy a saber yo, si me fui dejando cojo al pobre Pitágoras, que con un solo cateto no va a ningún lado.

En mates aún sacaba algún buen resultado, porque en el resto me recomendaban comprar un coche, porque sería la única manera de tener una matrícula. En inglés me dijeron que algún día conseguiría el A2 de fresa. Aunque mejor de segundos idiomas no hablemos, que cuando me preguntan ¿qué tal? solo sé responder OK al revés.

Castellano, en cambio, se me daba genial, hasta que tuve religión. Entonces me liaba con los predicados y los sujetos omitidos en las oraciones. Hay muchas cosas que no tenían sentido, pero calla, que te enseñaban a no llevarle la contraria a los mayores. Cuando los mayores se llevaban la contraria entre sí. Y ahora que soy mayor, es verdad, me llevo mucho la contraria.

Y ahora que soy mayor me doy cuenta también de que en educación física perdí el tiempo, porque hay partes de mi cuerpo especialmente maleducadas.

Ahora que soy mayor sigo sin saber cuánto vale un peine. Longitud multiplicado por ancho dividido entre las púas. ¿Qué? ¿No era así?

Ahora que soy mayor me doy cuenta de que todo lo que nos enseñaron era mucho menos importante que algo que nunca llegamos a comprender.

Que una vez te has graduado es demasiado tarde para volver a clase.

Desastre dorsal 63

En un estadio de fútbol un niño se deja llevar por un prejuicio de un amigo que se dejó llevar por un prejuicio de un amigo. Su padre coge ese prejuicio, lo lleva a cuestas y sube la apuesta. Juicio, pena y sentencia unilateral. Un único fallo: su paternidad.

En un estadio de fútbol se discrimina al visitante por el simple hecho de serlo, y se tomará el más mínimo gesto como ofensa y motivo justificado de guerra. El conflicto violará cualquier frontera si además la derrota es para los locales.

En un estadio de fútbol se grita, insulta y amenaza con tal de cumplir y hacer cumplir las normas del juego (siempre que le convenga al equipo). Las patadas y las lesiones son gajes del juego (sobre todo si son al rival).

En un estadio de fútbol los verdaderos profesionales son las personas del público, puesto que todas ellas lo harían mejor que los jugadores del campo o que el entrenador.

En un estadio de fútbol todos son humanos salvo cuatro seres despreciables salidos del averno con un silbato en la boca. A esos demonios que han venido a hacernos más desgraciados hay que mandarlos de vuelta al infierno a cualquier precio.

En un estadio de fútbol pasa todo eso, pero es que fuera también.

Lo que no pasa fuera es que me siento y me siento uno más dentro de un todo, sin importar el resto.

Cantas lo que sabes, aprendes lo que no para cantarlo después.
Piensas en lo que vendrá caminando por pasillos de memoria
con nombres del pasado esculpidos.

Porque es tan sencillo como meter una pelota entre tres palos, y
tan complejo que cualquier cosa puede pasar para ello.

En un estadio de fútbol animas, celebras, te decepcionas, te
desquicias, porque no hay mejor suelo sobre el que luchar que
el césped, ni hay techo más cercano que el cielo.

Porque lo que pasa en un estadio pasa en todos lados,
pero allí,
allí se queda.

No sé lo que tengo que tengo de *to*

Tengo las ventanas al alma, la distancia al suelo y la tendencia
alopécica de mi padre,
la lengua pincha globos de feria y la capacidad de ser anfitrión
en el cielo y en el infierno de mi madre,
el tacto de acero templado al ser golpeado y la pregunta sana y
propia de mi hermana,
las alas de murciélago y las películas pendientes de mi primo,
la pose frente a la puerta, sentado esperando de mi perro.
El oído lector de un mejor amigo que no está,
la llave de mi segunda casa tatuada en el corazón,
que tampoco es mío porque se lo he ido escondiendo
en el bolsillo a algodones de azúcar que pasaban
y nunca me miraron en rosa,
el hambre de manzana de Eva
y el segundo cerebro ruidoso de Adán,
por delante la escalera de suelas de zapato
de toda una generación y el ansia de treparla hasta arriba
de un loco que no sabe que sufre de vértigo,
el look de un maniquí escondido en el almacén,
las ganas de un niño al salir del cole de coger las piedras
que encuentre en su camino y rodearlas con nieve,
la fuerza para subirlas cuesta arriba de Sísifo
y las piernas para echar a correr
cuando rueden cuesta abajo de Indiana,
la ambición de triunfo de un impostor con síndrome de escritor,
entre muchas otras cosas, que, en realidad, no tengo.
Porque cuando yo nací todo ya era de alguien.
Y yo tal vez tenga poco, pero hay algo muy mío,
y es que me tengo
en pie.

Si fuese fácil no se llamaría desastre

El que esté libre de pecado
que tire la primera piedra
a mi ventana y lo solucionamos

IRENE X

No es fácil encontrar a alguien que siempre dé los buenos días, por no fiarse del hombre del tiempo. Que siempre te devuelva las buenas noches, porque te las mereces todas.

Encontrar a quien haga de tripas corazón, para que si ese te gusta más, lo puedas conquistar también.

Alguien que creía haberlo visto todo en la vida y que al verte llegar finja amnesia para verlo todo de nuevo, esta vez reflejado en tus ojos.

A quien se ponga en la trayectoria de ese golpe de ni puta gracia que deja sin sentido del amor, y se levante riendo por haberse tropezado.

Que no te llame jamás por tu nombre, para que todas las palabras tengan un poquito de él y así siempre pronunciarte.

Que te cubra las espaldas y te coloque su abrigo porque resulta que hace frío en Moscú.

A esa persona con quien sincronizar tus latidos, coordinados en su descoordinación y que los vecinos piensen que hay obras.

Alguien con quien ser ruido.

Que encuentre tu mecha, la rodee de cera, la llame vela y la encienda todos los días sin miedo.

Alguien con quien crear ese mundo que no sabréis que os pertenece y haciendo ese imaginar, construya castillos con granos de arena que no se desmoronarán cuando traiga el viento de levante y el de levantarte.

Que te ayude a revelarte a ti misma y te acompañe cuando te rebeles contra todo lo demás.

No es fácil,
pero puedes intentarlo tres veces al día
cuando paseo al perro.

El cajón desastre del chico cerilla pdf gratis

¿Qué queda del yo de antes en el de ahora?
Solo la memoria.
Me moría por que esa respuesta fuese sincera.
Ni iba de frente ni daba la cara ni ponía la otra mejilla
y aun así perdí la cabeza.
Poco a poco,
como quien pierde el agua que sostiene entre sus dedos.
Suerte que nunca me gustó chapotear en los charcos.
Si me lo cruzo por la calle no lo pienso saludar,
porque más sano estaré cuanto menos lo piense en general.
He soldado mis grietas lo mejor que he madurado.
Soy la única fruta que volvió a ahorcarse en el árbol.
A punto de colgarme de nuevo me pregunto "¿qué haces?"
el verdugo,
le respondí "cambiar".
Me moría porque esa respuesta era sincera.

Desastrilingüe

—¿Me quieres?

—Te amo, pero solo en español.

—¿Cómo? ¿Y en inglés?

—Te love.

—¿Francés?

—T'aime

—¿Sabes más idiomas?

—No.

—Entonces… ¿En el resto de idiomas qué?

—Pues en el resto de idiomas tendré que besarte.

¿Cómo lo haces?

Me irrita
Me molesta
Me fastidia
Me disgusta
Me incomoda
Me saca de quicio
Me revienta
Me crispa
Me jode
Me exaspera
Me hiere
Me amarga
Me enerva
Me carga
Me apena
Me agobia
Me cabrea
Me está matando
Me consterna
Me encoleriza
Me frustra
que me gustes tanto.

Desastre apócrifo

¿Quién le va a decir al espantapájaros, al hombre de hojalata y al león que son la misma persona de distinto material?

¿Quién le va a decir al polvo que es bello cuando lo sacudes a contraluz?

¿Quién le va a decir al lobo con piel de cordero que ninguna oveja le va a amamantar?

¿Quién le va a decir a los ángeles de la guarda escondidos bajo la cama de los niños que están haciendo fatal su trabajo?

¿Quién le va a decir a la que pone los puntos sobre las íes que estos no tienen nombre?

¿Quién le va a decir al tulipán que se da la vuelta para mirar el cielo que no es un girasol?

¿Quién le va a decir a los mil peces del mar que hay uno incapaz de salir de su pecera?

¿Quién le va a decir a esos tipos duros que nuestros meñiques del pie han sufrido más golpes?

¿Quién le va a decir a Plutón que es demasiado pequeño para ser un planeta y demasiado grande para abrazarlo?

¿Quién le va a decir a la pared recién pintada que está llorando?

¿Quién le va a decir al ocho que le han tumbado de una patada?

¿Quién le va a decir al tiempo que nosotros tampoco le perdonamos a él?

¿Quién te va a decir a ti que si no vienes, lo harán los males?

¿Quién le va a decir al pirata que lo único que le diferencia de un corsario es un papel?

¿Quién le va a decir al poeta que lo único que le diferencia de un loco es un papel?

¿Quién le va a decir al papel que puede ser lo que quiera?

Espero que nadie para que no se vaya.

¿Quién es tan valiente, tan amable y tan mala persona?

¿Y qué cojones es lo que no me está diciendo a mí?

Llámame desastre

I'm in love with a fairytale
Even though it hurts
'Cause I don't care if I lose my mind
I'm already cursed

ALEXANDER RYBAK, *Fairytale*

Me llamo Víctor,
pero me puedes llamar Diego,
si eso cambia algo.
Si eso cambia la manera en la que no me miras,
en la que no me bailas,
si hace que te comportes conmigo como cuando no miro,
para poder comportarme contigo como cuando no miras.
Si eso cambia algo y me preguntas mi nombre
digo Diego.

El problema es que cuando tú no miras,
yo hablo demasiado.
Y te digo que la primera vez que conocí al amor
me cayó de pena,
y que las mentiras que más daño hacen son las que no lo son,
digo que donde más poemas te he escrito
ha sido en el techo de mi cuarto,
que cuando me despides me mandas al paro cardiaco,
digo que te vengo como anillo al dedo,
que no me importaría ser inmigrante en tu vida,
digo que deberías escucharme más
digo yo,

digo Diego.

Porque si me escuchas
como cuando sueño que me miras
te daré motivos para recordar mi nombre
digo
Víctor.

Te llamaré desastre

¿Qué sería tu nombre sin ti?
Igual que la palabra rosa sin la rosa,
un ruido incomprensible, torpe hueco.

ÁNGEL GONZÁLEZ

Tú no eres bonita.
Todas las niñas son bonitas. Tu eres otra cosa.
Una con un nombre que no puedo repetir sin que duela.
Así que te llamaré de otra forma.
Te llamaré silencio,
porque me duelen los oídos de no escucharte,
te llamaré modelo,
porque ojalá destiñas mi ropa de tanto usarla,
aire, porque contigo me tropiezo sin andar,
ni moverme, ni pensar,
secuela, por las que dejas, y las que dejaría yo hasta llegar a ti,
informal, en mis sueños apareces con pantuflas,
inspiración, he pensado tantas veces
en recitarte los poemas que jamás te he escrito
que me los sé de memoria,
temazo, porque eres lo que se escucha
mientras el mundo suena de fondo,
pequeña, aunque no quieras, siento que debo cuidarte.

Te llamaré María, aunque no sea tu nombre, no me atrevo a
escribir el verdadero, porque ya lo he hecho como un cobarde
en algún título perdido junto al mío.

Sherezade, mi cabeza te mantiene viva contándome cuentos sobre nosotros desde hace más de 1001 noches, inoportuna, porque estoy cansado de ser la persona correcta en el momento equivocado.

Te llamaré susurrando, porque mis tabúes han decidido no hablar de ti; felicidad, porque la única forma de ganar esta batalla en la que feliz moriría es darte por perdida

Tú no eres una niña bonita.
Todas las niñas bonitas tienen luz.
Tú tienes algo distinto.
Algo que llamaré fuego.
Y por eso te llamaré,
te llamaré yo,
porque si tú le llamas,
el chico cerilla se prende.

Desastre X

Hay poca gente a la que admiro de verdad,
pero cómo me iba a extrañar,
si la x siempre marca el destino.

Me encantaría conocerte algún día,
y decirte tus versos favoritos míos,
o mis versos favoritos tuyos,
aunque en realidad son lo mismo.

Alguna vez he pensado
ojalá fuese ese cabrón al que escribiste tan bonito,
o ese desgraciado al que has escrito tan feo,
o ese escalón cualquiera hasta tu ahora,
solo para poder ver de cerca
donde nacen las revoluciones.

Desde la primera página me has hecho querer escribir rápido
por si me quitas más frases que aún no se me han ocurrido.
Desde la primera página tumbando muros,
sentando cátedra,
levantando aplausos.

Pero cómo me iba a extrañar
si la x marca el lugar
al que aspiro a llegar.

Profecía bíblica 72

Yo que creí crecer construyendo edificios en llamas
y ahora escucho la alarma de incendios,
gritando que no es un simulacro,
que se salve quien quiera… y no quiero
Yo que creí conocer la sabiduría del diablo tras muchos años
siendo su abogado,
y ahora me enseñas el manzano del que cuelgan los huesos de
sus frutas doradas,
porque tan solo está prohibido arrancarlas.
Yo que creí conocer el calor del infierno tras toda una vida,
y ahora me enseñas que contigo llega el deshielo.
Yo que tengo un sitio en el cielo para mí,
ahora sé que siempre estará allí
vacío.

Las 5 W

¿Dónde?

Donde quieras

¿Cuándo?

Cuando quieras

¿Qué?

Lo que quieras

¿Quién?

Tú y yo
Nosotros

Seguro que ya imaginas

el porqué

El desastre de la jungla

Pueden presumir de melena, que yo presumiré de rugido
pueden presumir de rugido que yo presumiré de colmillo
pueden presumir de colmillo que yo presumiré de garra
pueden presumir de garra que yo presumiré de sigilo
pueden presumir de sigilo que yo presumiré de manada
pueden presumir de lo que quieran
que yo por encima de todo
presumiré de corazón.

Dulcinea

Te acabo de escribir un mensaje. Decía:

¿Cómo estás?

Cuando en realidad quería decir:

Cómo estás

Te echamos de menos

Te echo de menos

¿Dónde has estado hoy?

A parte de en mi cabeza

Que bien que lo estés pasando bien,

y que mal lo paso sin ti.

¿Cómo vas con ese chaval?

¿Te ha desilusionado ya?

¿Cuándo vuelves?

A llenar mi vida.

Deberíamos hacer algo cuando vuelvas

aunque no sea lo que estoy pensando

Bueno no te molesto más, hablamos.

Te quiero

Te diría que te deseo lo mejor,

pero es mentira, te deseo para mí.

Maldigo el día en que te conocí

por no poder aspirar a más que eso.

Y me pregunto qué sentiré cuando

espero que pronto

te mire sin quererte.

Hasta entonces te lo pongo muy fácil, vaya,

no hace falta que te quedes,

pero al menos no te vayas.

Cerillas quemadas sin usar

➤ Tengo miedo de verte.
por lo que puedas hacer,
pero tengo más miedo de no hacerlo,
por lo que pueda hacer yo.

➤ Todas las duchas son de realidad porque son sin ti

➤ Cuando te veo pienso más en la cantidad de hojas que voy a
llenar y en los pañuelos que usaría si supiese llorar.

➤ Ojalá volver a tener esa mala suerte de volver a conocerte.

➤ Ojalá mi yo de ayer se hubiese cruzado contigo,
es tan idiota que no se hubiese enamorado.

➤ No veas qué rabia cuando tengo algo en la punta de lengua
y no eres tú.

➤ Mis ganas de ti se han cortado y teñido el pelo,
esperando que ese sea el primer cambio de muchos.

Du-dándolo todo

Si pudiera hablarte de las cosas que no entiendo,
de la duda que vive aferrada en mi interior,
si pudiera compartir el miedo que me arrastra hasta este infierno,
podría ver todo de otro color

MXRGXN, *De otro color*

A veces dudo,
a veces pienso que soy una forma de vida en forma de duda.

Me han dejado con la duda tantas veces
que me ha cuidado durante años , ¿o tal vez menos?

Lo único que afirmo sin duda es que no se llega a ningún sitio
sin dudas.
De lo demás dudo.
Y dudo, de si el dios del que dudo me hizo humilde por no ser
perfecto
o perfecto por ser humilde.
Ya ves. Una duda contrahecha,
una verdad contradicha.
Una duda al fin y al cabo
en estas claras aguas que forman el Mar de dudas,
en el que aclaro mis dudas, y después
ah claro, más dudas.

Los que dicen que no hay género de duda no conocen las mías,
que follan y se reproducen como conejos.

Y para los que digan que no cabe duda, les diría que el saber no ocupa lugar y que a veces hay que saber dudar.

De hecho, voy a poner en duda este poema y no sacarlo nunca de ahí.

Porque podrán dudar muchas cosas de mí,
pero nunca,
nunca de mí.

Desastre de tío

Cuando seas mayor escribiremos juntos.
Escribiremos en la arena y el mar nos guardará el secreto,
en las paredes de debajo de un puente para volver años más
tarde y volver a leer y escribir,
en las piedras de la orilla del río, y al lanzarlas veremos las
ondas que crean.
en las hojas de los árboles, las revisitaremos en otoño,
en los prospectos de los medicamentos, porque es un efecto
secundario de vivir.

Escribirás en la corteza de los árboles sin que nadie te enseñe,
porque ya habrás empezado a aprender solo,
en los naipes y en las servilletas porque aquí has venido a jugar,
en el vaho del espejo para definirte,
en los márgenes de un mapa conocido y de muchos por conocer,
en papel del culo porque a veces es justo eso lo que tienes que
hacer para seguir escribiendo,
en las alas de tu cometa y volarás alto,
en los pasillos de tu laberinto hasta encontrarte.

Y escribiremos.
Y escribirás.

Aunque la cerilla se vista de seda

Estoy deseando que vengan esos 3 amigos que no existen para
hablar de las lágrimas que no lloro, se estancan y me ahogan, y
decirles la verdad, que no estoy triste
solo apagado o fuera de cobertura,
fuera de juego, de onda,
fuera de mí, de sí y síes
en combustión interna, fueraborda
fuera de peligro por fuera de combate
por fuera llueve
por dentro las películas fuera de serie están fuera de control
fuera de aquí y allí y allá
fuera de toda duda estoy afuera
sin abrigo
cogiendo frío.

Pero fuera bromas
no estoy triste, de verdad,
mi efecto Pigmalión de chico risueño y feliz
no me deja
bajo pena de muerte.

Fata Morgana

Creo que necesito algo de droga
para quitarme este mono
con platillos ojos perdidos y sin ritmo
que hay en mi cabeza desde que te conozco.

Aceptaría cualquier fecha de caducidad contigo,
porque los finales felices solo son retiradas a tiempo del escritor,
porque no sabría qué no hacer contigo entretanto,
porque vi que Ícaro cayó del cielo sonriendo.

Ejemplos de en lo que me pierdo y lo que te pierdes:
besarte en tu lengua materna
nuestras miradas bailando al ritmo del tango de Roxanne
disfrutar cada amanecer
solo guardarte un secreto, mi tristeza
porque contigo no existe
venir y enseñarme a llorar de lo bonito
enseñarte yo a reírte de lo triste.

Después
valdrá la pena todo el tiempo
que pierda en perderte

Y cuando nos pregunten porque no salió bien,
diremos que las grandes mentes piensan igual
hasta cuando se equivocan.

Desastre que continuará

Hace no mucho me dijeron que no daría todo lo que hay en mí
hasta que quitase el pie que me está aplastando el cuello.
Un pie que supuestamente es mío.

Yo sonreí sin comprenderlo, porque para los que vemos
sombras no tienen sentido las palabras de los que han salido
de la caverna.

Lo primero es entenderlo, darse cuenta.
Y hoy lo entiendo. Sé que mañana pensaré que estaba
equivocado, pero que ese era el primer paso, aunque siguiese
siendo a la pata coja.

Tal vez algún día vuelva a esa página que aún no he escrito
explicando que los poemas también se hacen pajas, y dedos, se
drogan duro, cometen errores y roncan y no los admiten, que
guardan en sus carteras condones caducados de curso legal,
que tienen las manos pequeñas, que hacen cosas solo para que
les miren, que tiran el mensaje y esconden la mano, que tienen
pensamientos intrusivos sobre salirse del libro y convertirse en
realidad.

Puede que el día que lo haga me convierta en poeta, o puede
que me llamen guarro o me digan que el espíritu del poeta
cerdo ha venido, se ha corrido dentro y ha dejado este pastel
antes de marcharse.

Puede que olviden todo lo que he escrito,
y no por ello habrá desaparecido.

Puede que no me importe,
porque lo primero es entenderlo, darse cuenta.
Y sé que ese día no saldré de la caverna,
pero estaré más cerca de ello,
porque por fin podré andar con un pie
detrás del otro.

Desastre importante, pero no por ello menos último

Siempre tengo que decir yo la última palabra.
No me gusta.
Es algo que debería